图书在版编目（CIP）数据

大家说孔子 / 岑澎维著；林鸿尧绘 . -- 深圳：深圳出版社，2025.3
　ISBN 978-7-5507-3928-4

Ⅰ.①大… Ⅱ.①岑… ②林… Ⅲ.①《论语》- 儿童读物 Ⅳ.① B222.2-49

中国国家版本馆 CIP 数据核字（2023）第 211964 号

版权登记号　图字：19-2023-357

中文简体版通过成都天鸢文化传播有限公司代理，经财团法人国语日报社授予深圳出版社有限责任公司独家发行，非经书面同意，不得以任何形式，任意复制转载。

大家说孔子
DAJIA SHUO KONGZI

出 品 人	聂雄前
责任编辑	叶　晓　何　滢
责任校对	熊　星
责任技编	梁立新
装帧设计	李木子

出版发行	深圳出版社
地　　址	深圳市彩田南路海天综合大厦（518033）
网　　址	www.htph.com.cn
订购电话	0755-83460239（邮购、团购）
印　　刷	深圳市华信图文印务有限公司
开　　本	889mm×1194mm　1/32
印　　张	5.5
字　　数	120 千
版　　次	2025 年 3 月第 1 版
印　　次	2025 年 3 月第 1 次
定　　价	39.80 元

版权所有，侵权必究。凡有印装质量问题，我社负责调换。
法律顾问：苑景会律师 502039234@qq.com

作者说：
老师，我还是不了解

初中时期反复诵读《论语》的情景，依然那么深刻地留在心底。多少个课间，我坐在座位上默背《论语》，不敢下课休息，因为下一节课就要小考。

那时，面对这个固执的老人，我自以为很了解他了，就像面对自己的父亲一样，他的脾气、他的顽固、他的古

板、他的坚持、他的怀才不遇，我似乎都知道，但是我真的了解他吗？他的内心究竟在想什么呢？

这位一身风采的老先生，我多么想要为他写一篇传记啊！

那是年少时的愿望。后来，在那一排名叫"白千层"的老树下——我的高中生涯里，在我一次一次背诵《论语》，还没有立志成为作家前，心里早已渴望，有一天要为这位老人家写传记，让我把满肚子的嘲弄化为文字记录下来。

所以，当《国语日报》儿童文艺版主编陈素真小姐再次跟我确认："要动笔了吗？确定要写孔子吗？"我才猛然惊醒，自己要做一件多么痴傻、多么吃力的事。

孔子的伟大，让人无法逼视，就像太阳一样，我只能从轮廓鲜明的影子之中，去赞叹他的光芒。

所以，当我要为他写传记的时候，却无法下笔。他是这么地完美，我不敢直接书写，当我越靠近这位长者，越不敢嘲弄他，因为越靠近他，越觉得自己渺小。

那么，我坚持要写的到底是什么？就像高中时代，一层一层剥开白千层树那样，我剥开自己的企图，一层又一层。我慢慢明白，我只是想回到学生时代，回到那个理直气壮的时代——

"老师，我还是不了解。"

还有什么比"当学生"更幸福的？写《大家说孔子》的我，又回到那个幸福的时代，对老师予取予求，可以放心大胆、勇敢地说自己不会。

我在书桌前，再次回顾圣人的一生，好几次无法停止。孔子教导学生的情景，孔门学生跟随老师在杏坛前学习的情景，都触发了自己学生时代的回忆，一切历历在目，写作的滋味竟变得如此美好。

原来能够永远跟随老师，是一件这么快乐的事。

目录

01 叔梁纥说：我的儿子是仲尼　　　　002
02 颜徵在说：喜欢祭拜的孩子　　　　014
03 颜季路说：学问是问出来的　　　　022
04 差头丙说：官小却做得好　　　　　030
05 邻家大婶说：聪明孝顺的孩子　　　038
06 孔伯鱼说：我的父亲是孔子　　　　046
07 师襄子说：天生的音乐家　　　　　054
08 曾点说：我们这一班　　　　　　　062
09 子路说：老师让顽石点头　　　　　070
10 宰予说：顽固可爱的老师　　　　　078

11 冉求说：政治的路不好走	086
12 鲁定公说：春风满面夹谷会	094
13 亓官氏说：银杏树下岁月长	102
14 颜回说：听声辨人的专家	110
15 子路说：知人知面又知心	118
16 端木赐说：终于可以回国了	126
17 公西华说：因材施教的老师	134
18 曾参说：孝顺原来是这样	142
19 子夏说：力气用尽的巨人	150
本书孔子门生简介	158

01 / 叔梁纥说：
我的儿子是仲尼

我是叔梁纥，大家对我可能感到陌生，但是说起"孔仲尼"，各位可能就有点印象，再说起"孔夫子"，一个衣带飘飘的形象立刻浮现脑海。

没有错，我就是"孔仲尼"的父亲。

"孔子"也好，"孔丘""孔仲尼""孔夫子"也罢，指的都是我们家的丘儿，仲尼。

"孔子"和"孔夫子"是后来大家给他起

的尊称,虽然这些称呼得来不易,他在大家的心中,地位又是这么地崇高,但我可不能称呼丘儿为"孔子"啊!因为我是他的父亲。

为什么我不姓孔?

其实,丘儿也不姓孔,孔是我们的氏,当时,贵族男子一般称氏不称姓。我姓子,"叔梁"是我的字,"纥"是我的名。那时候的人就是这样,有氏、有姓、有字、有名,还有号。叫我"孔纥""孔叔梁"也行,不过大家习惯叫我"叔梁纥"就是了。

我就是当年那个在偪阳城下,双手撑住千斤重的大闸门,救出无数士兵的叔梁

纪。在偪阳城的那场战争中，我撑住落下来的闸门，让城里的士兵顺利逃出。

这件事，让我大大地风光了好一阵子，人们用"有力如虎"来形容我，整个陬邑地方的人都为我疯狂，认为我救人无数、立下大功，鲁襄公还升我为陬邑大夫呢！

我从来没有想过，自己也能成为英雄。

我这个英雄回到家里，我那九个女儿就像九个太阳一样围过来。女儿是贴心的小棉袄没错，可受传统观念影响的我却一直还想要个儿子。

可是，回头看看那为我生了九个女儿的妻子施氏，她已经尽了全力，而且也已是祖母级的年纪，我怎么忍心要求她再生孩子啊？就在我快要绝望的时候，我突然想起，在我们古代，我还可以娶妾呀！

于是我那些亲朋好友立刻出动,马上为我找到一个合适的妾。

没过多久,刚进门的妾就生了一个儿子。我老年得子,快乐得不得了。

只是,等一等,儿子的脚好像不大对劲。再看一看,儿子的脚有些残疾。

因为这样,我给他取名叫"孟皮"。孟皮字"伯尼","孟"和"伯"都代表他是第一个儿子。

有了孟皮后,我还是不知满足,常向老天爷祈祷,希望他再赐给我一个健健康康的小壮丁。

老天爷不理会我的请求,整整五年都没有动静,我一天一天地老了,愿望还是没有达成。

就在我不知道该怎么办才好的时候,我那些亲朋好友又开始为我想办法。

"还可以再娶一个妾呀!"大家又快马加鞭地帮我分头寻找。

没多久,消息就传回来了。

"曲阜城里的书香世家颜襄,有三个女儿,个个知书达礼、温柔娴淑,而且都还没出嫁。"朋友极力向我推荐。虽然我已经年过六十,但是为了我的愿望,只好厚着脸皮请朋友快去说媒。

颜襄果然是读过书又有智慧的人,他左想

想、右想想，当面拒绝就失了风度；亲口答应，又怕毁了女儿的未来。就在大家睁大眼看他要怎么办的时候，他客气地拱手行礼说："这件事，我要问问女儿们，看看有没有人愿意。"

我都六十多岁了，怎么会有人愿意嘛！颜襄真是个聪明人。

没想到，当颜襄向他的三个女儿介绍我后，年纪最小的女儿颜徽在竟然表示了同意，那年她只有十六岁。

想那颜襄年纪和我差不多，他听到小女儿说愿意时，不知道有没有当场昏过去？不过，他是一个守信用的人，既然女儿答应了，他也没有阻拦。后来我还得叫他一声岳父大人，的确有点尴尬，不过没有关系，我会好好照顾他的女儿。

这颜氏进门以后,整整一年,生子的愿望还是没有实现。

我知道,你们一定说我重男轻女,但在当时的社会风尚下,男性必须尽到传宗接代的责任。

"要不要到尼丘山去祭拜,求山神赐给我们一个儿子?"我的年纪越来越大,心里越来越急。

那尼丘山山神果然灵验无比,朝着它祭拜过没有多久,我又当爸爸了!

没错没错,大家别急,这

一个娃娃就是大家熟知的"孔子"了。

但是,又怎么了?

"怎么会这样?"孩子的母亲抱起孩子,难过地叹了一口气。

"又怎么了?"我立刻拉起孩子的小手和小脚检查,四肢健全。再检查一次,是个男娃娃没有错,那有什么问题呢?

孩子的母亲把娃娃塞给我,让我自己看。

这孩子的相貌非常特别,头顶中央凹下,四周比较高,跟尼丘山的形状很像。小脸蛋上,鼻孔朝天,两片嘴唇好像合不拢,一双耳朵,耳垂特别大，眼睛还露出凶恶的目光。

"丑是丑了点，不过看看这孩子，手长腿长的，是个健康的小壮丁呢！"

"相书上说，这种面相的人，不是大坏蛋就是大圣人。"

"放心，我们家世世代代没有做过坏事，这孩子以后一定是个大圣人。"

我也只能这么安慰孩子的母亲了。

因为这孩子是我们向尼丘山山神求来的，再加上他的头顶跟尼丘山的山形很像，所以我给他取名叫"丘"——孔丘；因为他是第二个男孩，所以他的字就叫"仲尼"，"仲"就是兄弟中排行第二的意思。

我离开人世的时候，仲尼只有三岁，当初我也不知道丘儿会这么成材，一直到两千多年后，大家都还崇拜他。我在列祖列宗面前，真是风光极了！

什么？真的吗？全世界的人都知道他？那你们知道仲尼是鲁国武士叔梁纥的儿子吗？

不知道？没听过？

什么？还有人有问题？

为什么我不姓孔？

原典欣赏

孔子生鲁昌平乡陬邑。其先宋人也,曰孔防叔。防叔生伯夏,伯夏生叔梁纥。……鲁襄公二十二年而孔子生。生而首上圩顶,故因名曰"丘"云。

——《史记·孔子世家》(节录)

孔子生在鲁国昌平乡的陬邑。他的祖先是宋国人,叫孔防叔。孔防叔生了伯夏,伯夏生了叔梁纥。……鲁襄公二十二年(公元前551年)的时候孔子出生,他出生时头顶呈"凹"字形,因此取名为丘。

*书中小故事依托原典进行演绎,旨在帮助读者们更好地理解故事。

02 / 颜徵在说：
喜欢祭拜的孩子

是的，我就是仲尼的母亲。

在说仲尼之前，我们先聊一聊仲尼他爹。仲尼的父亲除了赤手空拳撑住千斤重的大城门，救出无数士兵，让整个陬邑的人把他当成英雄，还有一件事，也让我们鲁国人对他非常敬佩。

那就是他曾在半夜里，救出被齐国士兵围困的鲁国大夫臧纥，把臧纥送到安全的地方后，他又回到被围困的士兵身边。有他在，齐国的军队最后只好自动撤退。

这些英勇的事迹，让仲尼的父亲风光了好一阵子。

不过，风光归风光，仲尼的父亲到头来也只是一个鲁国武士。"武士"虽然也是贵族，却是贵族阶级里的最下层，所以我们家是没有什么社会地位的。

我在孔家，正好也是这个样子，甚至更没有地位。排在妻和妾之后的我，连仲尼他爹最后埋葬在什么地方都不知道。

孩子的爹离开得早，

他去世后，我带着仲尼和伯尼离开陬邑，搬到鲁国的都城曲阜，这里离我的娘家比较近，可以互相照顾。

我做一些养蚕的工作，蚕吐丝之后结成茧，我抽丝剥茧纺成丝线，丝线织成丝绢，就靠这份工作养活我们母子。

仲尼的父亲曾经当过陬邑大夫，又是鲁国武士，所以伯尼和仲尼可以到学校去上课，普通的平民百姓是没有办法求学的。

"娘！娘！"

"什么事？看你跑得满头是汗。"

"娘，刚才我和同伴在南门那边玩，看见鲁国的国君正在祭拜天地，就像这样……"

仲尼捡了几颗石头进来，又找来几个破碗，面对着门外模仿刚才看到的情形。我在旁边一边抽蚕丝,一边看仲尼认真的样子,心里有点惊讶,仲尼怎么会对祭祀的事这么有兴趣呀?

"娘,他们演奏的是什么音乐,怎么听起来那么庄重啊?"

"娘,我这样祭拜,对不对?"仲尼跪在地上深深地叩拜,然后站起来,拱手再拜。这个五六岁的孩子学得有模有样。

后来有好长一段时间,仲尼都在院子里玩这个游戏。他把祭拜的东西摆好,用清水当酒,

献酒、跪拜、诵读祭文。

他的神情是那么地认真，就好像是真正的主祭一样。

"好啦！仲尼，如果你真的对这些事有兴趣，就要好好读书，将来做个有用的人，就能主持这些祭祀仪式了。你看哥哥，整天都认

真地看书呢。"我怕仲尼荒废了课业,这么提醒他。

这孩子就是这么听话,我一说他就照着做,立刻把那些小东西收起来,跟着伯尼一起读书。

我从陬邑搬出来时没有带值钱的东西,只带着一个先人留下来的鼎,那是从仲尼往上数七代,七世祖正考父留下来的鼎。

先人正考父位高权重,连续辅佐宋国三位君主。他在这个鼎上刻着:"第一次辅佐国君,我在别人面前总是弯着背;第二次辅佐国君,我在别人面前总是鞠着躬;第三次辅佐国君,我在别人面前总是俯下身子。"

先人的地位一次比一次高,却一次比一次谦虚。

"我用这个普通的鼎煮稀饭,也用这个简

单的鼎喝稀饭,我觉得这样就足够了。"

　　我常常把这个鼎拿给伯尼和仲尼看,也把上面刻的内容一字一句地读给他们听。这是祖先留下的东西,我希望他们能学习祖先的美德。

　　用功读书、听长辈的话、照顾哥哥伯尼,仲尼真是上天赐给我最珍贵的礼物。看他五六岁时玩的游戏,我就知道这孩子志向远大。我知道,这孩子不会让我失望的。

原典欣赏

孔子,圣人之后也,灭于宋。其祖弗父何始有国而授厉公。及正考父,佐戴、武、宣,三命兹益恭。故其鼎铭曰:一命而偻,再命而伛,三命而俯,循墙而走,亦莫余敢侮。饘于是,粥于是,以糊其口。其恭俭也若此。

——《孔子家语·观周第十一》(节录)

孔子是圣人的后代,他的先祖在宋国消亡。祖父弗父何最初拥有宋国时,却把国家给了弟弟厉公。到了正考父时,辅佐戴公、武公、宣公三个国君。国君三次任命他,他一次比一次恭敬,所以他家宗庙的鼎上刻有铭文:第一次任命弯着背,第二次任命弯着腰,第三次任命俯下身去。沿着墙脚行走,也没有人敢欺侮他。他在这个鼎里煮粥来填饱肚子。他恭敬节俭到了这个地步。

03／颜季路说：
学问是问出来的

　　我是颜季路，我和仲尼大哥一样，也在曲阜城里长大。小时候我都喊他大哥，因为仲尼大哥的外公家和我们家都是城里的颜姓家族，称得上亲戚关系。

　　仲尼大哥大我六岁，自打我俩认识后，我们经常在一起，有事互相商量，没事互相问候。他从来不会因为我是穷人家的放牛孩子，就不跟我玩。

　　从小喜欢祭拜游戏的仲尼大哥，十五岁那

年找到了一份"儒"的工作。

"这是什么工作呀?"我好奇地问。

"这个工作可有意思了!贵族的家里举办婚丧喜庆活动的时候需要有人主持,好让仪式能够顺利进行,做这个工作的人,就是'儒'。"

"那不是要懂很多礼仪,要很有学问才行吗?"我替仲尼大哥担心。

"放心，我从小就在玩这些游戏。现在我只是把游戏时练好的东西用在真实的情况中，我做得来的。"仲尼大哥很有自信地说。

"游戏是游戏，在贵族家里做事可不是游戏呀，那是不能出差错的！"

"别担心，我仔细研究过周公留下来的礼仪制度，那是多么丰富完善，每次我都看得入迷，也从书本里得到很多的知识，不会出错的。"仲尼大哥依然很有信心。

我还没弄清楚周公是怎么一回事，仲尼大哥就开始做这份工作了。贵族的家里有喜事、丧事、祭拜祖先的事，他都会去担任司仪、主持人的工作。他做得很认真，还仔细研究礼仪的规矩，以免有什么疏漏。

"周公真是一位伟大的圣人，他曾经教导

他的儿子说，一个君子，不会怠慢他的亲人，不会随便抛弃他的大臣，更不会要求一个人要十全十美。天哪，他说得真好！他真是我的偶像啊！"

能够实践周公留下来的礼仪制度，仲尼大哥觉得这是一份神圣的工作。

但是，后来有一件事情，让仲尼大哥心里很不好受。

有一次，鲁国大夫季氏举行宴会，只要是贵族都可以参加。因为父亲是鲁国武士，算是贵族，所以仲尼大哥便兴冲冲地跑去参加。

在他的心里，一直有个念头："周朝的文化是这么地了不起，应该恢复周朝的礼乐制度。"他希望国君能够听到自己那一肚子的理想，所以期待有人带他去见国君。

这种宴会就是结交权贵最好的时机,仲尼大哥穿着儒服,抱着希望,来到季氏门前。

"你是什么人?"季氏的家臣阳虎挡在门口,傲慢地拦住仲尼大哥。

仲尼大哥报上自己的姓名和身份,想不到却换来一顿羞辱。

"我们只邀请绅士名流进场,地位太低的,请自动离开吧!"

仲尼大哥受到严重的刺激,但是他没有被打倒,回家后反而更认真地求学。

仪礼、音乐、射箭、驾车、写字、算术这六项功课,仲尼大哥都认真踏实地做。进到周公的大庙,只要遇上他不懂的事,一定向庙里的人请教,直到弄懂为止。

"谁说那个叔梁纥的儿子懂得礼仪?他进

到周公庙,什么事都问,看起来好像什么都不懂似的。"

有人这么取笑仲尼大哥,但是仲尼大哥不管这些闲话,照样不懂就问,绝对不会不懂装懂。

"这些书你也可以看一看,不懂的地方我

可以教你。"仲尼大哥经常这么跟我说。

仲尼大哥的学问越来越高深，令我越来越佩服，所以我就拜他为师。我是第一个拜他为师的人呵，在孔夫子门下，我可是"大师兄"呢！不过，我得先改口，称呼他为"老师"才对。

后来，老师的学生里有一个穷得出名的颜回，真不好意思，正是我儿子，他也在老师门下学习。这都是因为老师的学问博大精深，才会让我们父子紧紧追随，努力学习，而且乐此不疲呀！

原典欣赏

子入大庙,每事问。或曰:"孰谓鄹人之子知礼乎?入大庙,每事问。"子闻之,曰:"是礼也。"

——《论语·八佾第三》

孔子进入周公庙,对每件事都发问。有人说:"谁说这个鄹人的儿子懂得礼呀?他进了太庙,每件事都要问。"孔子听到这话,说:"这正是礼啊。"

04/ 差头丙说:
官小却做得好

我是阿丙,是一个管理仓库的小差头,大家都叫我差头丙。我们替领有封地的季氏管理粮食仓库,负责把农民租地上缴的谷子写进账簿、收进仓库里。

这份工作薪水不高,但我从年轻时就开始做,从差役做到差头,知道里面有诀窍,可以让我们收入提高。

这个诀窍就是啊,嘿嘿,农人来缴谷子的时候,我们偷偷拿出加大的谷子桶,用这种桶

子来量谷子,农人就得多缴谷子,这就叫作"加量不加价",这些多出来的谷子,就是我们大家的"福利"咯!

嘻嘻,这不是我想出来的馊主意,我们上头还有仓库管理员,他要我们怎么做,我们就怎么做,这叫作"有福同享"嘛。

我们做的坏事还不止这些。向上面报账时,

我们再少报一点，这么一来，又多出谷子来了，那多出来的谷子又是大家的"福利"啦！

哈哈哈，我们就是这样神不知鬼不觉，偷偷地赚了十几年。

大概是账越报越不像话，季氏觉得不对劲，就重新派了一个仓库管理员来。这是一个小小的官，收入也不高，我猜想啊，他也是为了"分享福利"才来的。

新来的仓库管理员二十岁，叫孔丘，长得高高瘦瘦，不英俊也不潇洒，已婚，育有一子。他一上任就先看账簿，那是我们自己都理不清的一本册子，他怎么可能看得懂？

"唉，真是一本糊涂账。"他合上账簿，摇了好几下头就走出去了。

他出去之后，我们聚在一起窃窃私语。

"新来的都是这样。"差头戊说,"过几天,我们就能教他怎么看账簿了。"

大家听了哈哈大笑。

年轻的仓库管理员出去了大半天才回来,回来之后,他把我们都叫过去。

"为什么农民一直不肯来缴今年的粮税?"

"可能是……可能是收成不好吧?"差头甲说。

"胡说,收成明明很好。"管理员的眼光一扫,扫到差头乙头上。

差头乙慌乱地说:"我想……是还没到截止日吧?"

就在这个时候,有一个农夫来缴粮税了。他把谷子倒进我们加大的量桶里，还差一大截呢！

他无奈地叹了一口气，到牛车上拿出另一袋谷子，正要倒进去的时候，新来的仓库管理员似乎看出了什么。

"去拿别的量桶来。"

我们把每一个量桶都加大了容量，量起来都一样。

"去村子里找几个农人的量桶来。"管理员发现问题了。

农人的量桶果然比我们的小多了。

"这是怎么回事？"管理员还没发脾气，我们已经头皮发麻。

"嗯，是农人想少缴一点谷子，自己做了比较小的量桶。"

"狡辩！"

这个年轻的管理员一点情面也不留，开除了好几个差头，我也是其中一个。唉，坏事不能做呀！

据说这一年，收进来的谷子比往年的还多，而且农人也乐意来缴租税。

这个年轻人实在有办法，不贪污也不怕得罪人，把我们这个粮仓管理得有条有理。做事就要像他这样，千万不要跟我学。

后来他又去季氏的牧场工作，

管理骡马牛羊，把那些饿得干干瘦瘦的牲畜，养得又肥又壮，让人对他刮目相看。

和在这里一样，他去那边又开除了一大堆做坏事的人。

"您真是个尽责的人哪！"常常有人这么称赞他。

"没什么，我只是把账记正确而已。"

这个年轻人后来做了什么，我不知道，但是他连这么一个小小的官都做得这么认真，我看，如果让他治理天下，一定不差。

原典欣赏

子曰:"为政以德,譬如北辰,居其所而众星共之。"

——《论语·为政第二》

ᒣ ᒣ ᒣ

孔子说:"当政者用仁爱之心来治理国家,居于其位,众百姓就会像群星拱卫北极星一样,围绕在他的周围。"

05/ 邻家大婶说：
聪明孝顺的孩子

我记得十分清楚，那是一个春天的早晨，天气冰凉凉的，积雪还没完全融化。我和儿子一起到曲阜城，打算买些棉布和针线，好回家做几件衣服夏天的时候穿。

那是曲阜城通往城外的一条大街，街道的名称叫"五父衢"。人来人往的五父衢上，竟然停放了一口棺木！怎么会有人把棺木摆在大街上啊？

棺木旁，一个又高又瘦的年轻人穿着孝服，

神情哀伤地站立着。

"这是怎么回事啊？"我小声地问路边做生意的商贩。

"那个年轻人的母亲去世了，他想把母亲和父亲葬在一起。"

"合葬在一起？那是好事啊，为什么棺木还停放在大街上？"我惊讶地问。

"因为他不知道他父亲埋葬在哪里。"

"怎么会不知道自己的父亲葬在什么地方?"我和儿子都觉得很奇怪。

"世界上什么事都有,这个年轻人不就是这样?"

商贩又忙着吆喝起生意来,没有时间跟我们母子谈论。我又望了年轻人一眼,觉得好眼熟。我心想,难道他从来没有问过母亲,父亲埋葬在哪里吗?

"这个年轻人叫什么名字?"我问街上一个路过的长辈。我想也许我帮得上忙,因为我的丈夫和儿子就是帮人拉棺木的。

"哦,他呀,他可聪明了,他这么做,正好可以引起路人的注意。"

"是啊,老长辈,你知道这聪明的年轻人

叫什么名字吗？"

"这个年轻人哪，他要大家帮他想想，他爹的墓地在哪儿呢！"

唉，这个人年纪大了，总是答非所问，再找另一个人问吧。我正要放弃的时候，这个老长辈又回头问我："你刚刚问我什么呢？"

"我问你，这个年轻人叫什么名字？"这一次，我说得更大声了。

"哦，这个年轻人哪，真是孝顺，为了达成母亲的心愿，不管别人的眼光，非得等到有

人告诉他,他父亲葬在哪里。"

唉,看来他还是没听到我问什么。我拉着儿子的手,转身准备问别人,这个老长辈又拦住了我们:"你不是问我他叫什么名字吗?我还没回答,你怎么就想走了?"

"那您知道这个年轻人叫什么名字吗?"我靠近他的耳边大声问。

老长辈想了一想,很久才说:"这年轻人叫

'仲尼'!"

"啊?仲尼!他母亲呢?"我吃了一惊,连忙追着老长辈问。

"他母亲?他母亲不是去世了吗?"

老长辈转身就要离开,我立刻抓住他的手。

"老爹,这年轻人是不是孔氏?他母亲是不是年纪还很轻?他父亲是不是年纪很大,在他很小的时候就去世了?"我那专门为人拉车的儿子神情激动地问。

"是啊,他就是叔梁纥的儿子。"老长辈抽出了他的手,留下我们母子站在路旁发呆。

"叔梁纥的棺木不就是我拉到防山去的吗?"儿子说。

我们和叔梁纥一家是昌平乡下的邻居,没想到一转眼,仲尼就长这么大了。我们立刻走

到仲尼的身边。

"你父亲的墓地就在曲阜城东边的防山，靠近北边的地方，我带你去。"

我们母子俩，棉布、针线也不买了，儿子拉着车，立刻带仲尼去看他父亲埋葬的地方。

仲尼把父母合葬在一起，终于达成了母亲的心愿。

真是个孝顺的孩子，不过我更佩服他的头脑和勇气，他不怕丢脸地站在路边，让知道答案的人来回答他。真多亏了他的坚持。

没想到，我一个旧日的邻家大婶，还能帮助这孩子完成心愿。虽然这对我们来说只是小事，但对他来说，可是一辈子的安心呢！

天气渐渐暖和了，我再不去买点薄棉布和针线，今年夏天恐怕得穿去年的破衣裳了。

原典欣赏

有子曰:"其为人也孝弟,而好犯上者,鲜矣;不好犯上,而好作乱者,未之有也。君子务本,本立而道生。孝弟也者,其为仁之本与!"

——《论语·学而第一》

有子说:"一个孝顺父母、友爱兄弟的人,很少会喜欢冒犯上级。不会冒犯上级,却喜欢作乱危害大众的人,更是从来没有。君子要致力于根本,抓住了根本,仁道自然就产生了。孝顺父母与友爱兄弟,就是行仁道的根本!"

06 / 孔伯鱼说：
我的父亲是孔子

我是孔伯鱼。教导平民百姓读书、拥有弟子三千人的孔夫子，正是我的父亲。

我一出生就获得鲁国国君无上的眷顾。听我母亲说，那时候，我父亲因为学问深厚，已经有了一点点名气，鲁昭公听说父亲添了儿子，特地派人送来又鲜又肥的鲤鱼，给母亲进补。

国君的赏赐自然是无上荣耀，值得纪念。活蹦乱跳的"鲤鱼"是没有办法留着当纪念品的，父亲为了记住国君赏赐的恩惠，便把"鲤"

给我当名,"鱼"给我当字,一字也不浪费。

所以,我就叫"孔鲤",字"伯鱼","伯"代表我是长子,我还有一个妹妹。

伯尼伯父去世之后,留下儿子孔忠与女儿孔无加,父亲要我去把他们接过来和我们一起住。父亲还从学生之中挑选了两个做女婿。

公冶长虽然坐过牢,但是父亲相信他是被冤枉的,把妹妹嫁给了他。

南容每天都反复诵

读《诗经·大雅·抑》中的一段话："白圭之玷，尚可磨也；斯言之玷，不可为也！"父亲很欣赏南容的勤学自律，便把无加嫁给了他。

我和孔忠两兄弟，与师兄、师弟们一起跟着父亲学习。这些跟着父亲学习的人来自四面八方，每个都希望能从父亲身上多学到一点学问。

也许是接受教育不容易，父亲又是第一个接受平民学生的人，所以大家都很珍惜这个特别的机会，认真学习。

师弟陈亢就曾经私底下问过我："老师有没有另外多教你一些什么？"

"没有。"我告诉他。父亲从来没有单独教过我，我都是和大家一样，在银杏树下一起学习的。

不过，我想起有两次特别的机会，第一次

是父亲站在庭院里望着天空沉思，我正好经过那里。

"你读《诗经》了没有？"父亲问我。

"还没有。"我低头回答。

"不读《诗经》，怎么开口说话？"于是我认真地和大家一起读《诗经》。

过了几天，父亲又一个人站在庭院中，我经过时，父亲把我叫住，问我："你学习《仪礼》了没有？"

"没有。"我知道,父亲一定又要不高兴了。

"不学礼,怎么知道礼仪规矩,你要怎么在社会上做事?"于是我又用功地学习《仪礼》。

我不知道这样算不算"另外多教",就老实地把这两件事告诉陈亢。陈亢听了,竟然觉

得收获丰富，开心得不得了。

"我明白了，老师的意思是诗和礼都非常重要，一定要好好地读。"

于是，他也认真地读起《诗经》和《仪礼》。

父亲对我，就像对待他的学生一样，没有偏私。有时候，我甚至觉得父亲对待学生比对我还要亲近，传授给他们的比给我的还要多呢！

不过我想，也许这跟我从小身体不好，经常生病有关系吧？如果我能像其他师兄弟一样身强体壮、能文能武，也许就能学得更多更快，像他们一样出去做官。

"默默地记住学习过的知识,学习永远不烦厌,教学永远不疲倦。"——这是父亲对自己的描述,身为他的儿子,我知道,这是最贴切的描绘。

原典欣赏

陈亢问于伯鱼曰:"子亦有异闻乎?"对曰:"未也。尝独立,鲤趋而过庭。曰:'学诗乎?'对曰:'未也。''不学诗,无以言。'鲤退而学诗。他日,又独立,鲤趋而过庭。曰:'学礼乎?'对曰:'未也。''不学礼,无以立。'鲤退而学礼。闻斯二者。"陈亢退而喜曰:"问一得三,闻诗,闻礼,又闻君子之远其子也。"

——《论语·季氏第十六》(本章取材)

07 / 师襄子说：
天生的音乐家

我是鲁国国家管弦乐团的乐师，"师"代表我的职业是乐师，"襄"是我的名。

在这个管弦乐团里，我负责打击乐器的演奏，但是对于弦乐器也很有兴趣，有了一点心得，所以不少人跟我学琴。

跟我学琴的学生里，有没有令我印象深刻的？有！我印象深刻且深深佩服的人，就是天生的音乐家：孔仲尼。

为了跟我学琴，仲尼千里迢迢专程来到我

家。我知道他是圣人商汤的后代，七世祖正考父是一个谦虚、俭朴的人，十世祖弗父何又有两项美德被后人称颂：一是不与叔父争王位，二是让位给弟弟。

所以仲尼是圣人的后裔，他自己又因为学礼、知礼而学识丰富，有了不小的名气，连鲁国的国君都要见他，可见这个人来头不小。

但他身上一点骄气也没有,为了兴趣,谦虚地跟我学琴。

他当时已经有了不错的基础,所以我教他有点难度的曲子。

起初的十几天,仲尼只反复地练习同一首曲子。

"这首曲子你已经练习得非常好,可以练另外一首了。"我建议他。

"不行,我只是把曲谱弹奏出来罢了,还没练出演奏技巧。"

这个年轻人的确具备音乐素养,所以我没有打扰他,让他继续练习。

他又不断练习了好几天。我直到觉得他已经掌握了演奏技巧才去找他。

"仲尼先生,您可以换一首曲子来练了。"

"不行，虽然我已经掌握了技巧，但我还没达到这首曲子要表达的意境，我还要练练。"

我从来没有见过这么坚持的学生，别人来学琴，总觉得学越多曲子越好；但是这个年轻人，半个多月以来，就只练一首，而且非要自己满意了才行。

又过了好几天，我已经听出他达到这首曲子的意境了，心里很快乐，又去找他。

"仲尼先生，我们可以换一首曲子了吗？"我想，这次仲尼先生不会再拒绝了。

"不行，我还要练，因为我还体会不出，作这首曲子的人是怎样的一个人。"

什么？这年轻人到底要练到什么程度才肯停下来？

好几天又过去了，仲尼还是没有换曲子的

打算，我忍不住又去和他聊聊。

"我想你已经体会出作这首曲子的是怎样的人了吧？"

"的确！但是我还想知道他是哪一类人，所以还是请老师先别教我新的曲子，让我好好地再练一练吧！"

仲尼又耐心地练了好几天。终于有一天，

他主动来找我。

"老师,老师,我看见那个人了!他是那么地高大,那么地庄严,肤色黝黑、身材修长,我看见他称王天下,我还看见诸侯正朝见他。"

仲尼非常激动,眼神明亮而有自信。而我,被他震撼住了,久久说不出话来。

"老师,您说,这个人除了周文王,还会是谁呢?"

我听完他的话,所有的惊讶立刻转化成敬佩。我俯身跽坐,再三向他拱手作揖。

"仲尼先生真是高明啊!这

首曲子正是《文王操》。"

这真是个音乐迷,他对自我的要求是这么高,我只能说,仲尼先生是一个天生的音乐家。

这件事让我很有感触——仲尼先生拥有高深的学问、完美的品德,我一点也不感到意外,因为从他的学习态度,就知道这个人一定会有成就的。

原典欣赏

孔子学琴于师襄子。襄子曰："吾虽以击磬为官,然能于琴。今子于琴已习,可以益矣。"孔子曰："丘未得其数也。"有间,曰："已习其数,可以益矣。"孔子曰："丘未得其志也。"有间,曰："已习其志,可以益矣。"孔子曰："丘未得其为人也。"有间,孔子有所缪然思焉,有所睪然高望而远眺。曰："丘迨得其为人矣。黯而黑,颀然长,旷如望羊,奄有四方,非文王其孰能为此?"师襄子避席叶拱而对曰："君子圣人也,其传曰《文王操》。"

——《孔子家语·辨乐解第三十五》
（本章取材）

08 / 曾点说：
我们这一班

我是曾点，在老师的学生之中，我最大的特点就是年纪大。虽然排不上第一，但已经算是"名列前茅"，再加上很早就拜师，所以我跟老师学习的时间很长。

老师二十多岁开始，就在住家西边那片银杏树下教导我们读书。那个在银杏树下的讲坛，后来被称为"杏坛"。

为了让我们这种平民百姓也能读书，老师招收学生亲自教导。

　　在我们这一班里，有两对父子档，一对是颜季路和他的儿子颜回。颜季路家境不好，到了颜回这一代更是清寒。不过颜回一点也不在乎，穷到只能吃一小竹筐的饭、喝一小瓢的水，他还是过得很快乐。

　　老师没有因为颜季路父子的贫穷而看不起他们，相反，他总是夸赞颜回的贤德。如果从我们这群学生里选出一个模范生，那肯定就是颜回了。

另一对父子档就是我和我的儿子曾参。虽然我脾气不好，常常怒骂曾参，但我还是要赞美曾参，他真是个难得的孝子。

当初我来拜师的时候，带着绑成一束的十条肉干。老师没嫌弃这份简单的礼物，还立下规矩："学费不必多，诚意最重要。"

这么微薄的学费，象征的意义比较大。它象征老师收了这个学生，就像两个人订婚总是要有个信物一样。

老师的学生并不是每个都穷困，也有富裕到可以和国君相提并论的，那就是端木赐。端木赐是一个成功的商人，有生意头脑，口才又好，他用几句话就能消除战争，也能靠几句话去引起战争，难怪在商场上那么成功。

端木赐和宰予两位,都是因为口才而出名的优秀同学。

老师的学生并不是每个都是平民,孟孙何忌和南宫敬叔两位贵族,是大夫孟僖子的儿子。孟僖子去世之前,要求他们一定要好好地跟老师学习仪礼。

老师什么学生都收,像子路,虽然曾经是"问题少年",但老师还是很疼他,而且不断感化他。子路也因为老师的教导,渐渐改变了不少。

老师上课轻松自在,他常用问答的方式上课。有一次老师问我们:"你们常常说:'没人赏识我!没人了解我!'如果有人知道你,想重用你,你要怎么做?"

子路抢先发言,他说:"如果一个夹在大

国之间的弱国,因为连年灾荒和战争而疲惫不堪——三年,只要三年,我就能让它恢复元气,让人民知礼守法。"

老师微笑点点头。

有政治才能的冉求说:"让我治理小小的地方,三年能让人民富足;但是礼乐的事,就要靠有才德的人了。"

"公西华,你呢?"老师问。

年轻的公西华说:"我不敢说能做得好,但我愿意试试看。有祭祀活动,就

让我做个小司仪吧！"

这些同学的才能，我是比不上的。

"曾点，你呢？"老师转头问正在弹瑟的我。

曲子已经弹到最后阶段了，让我把它弹完吧！瑟声渐渐变小，直至停止。我站起身来，跟老师行个礼，感谢老师容许我过了这么久才回答。

"我没有什么才能，只希望春天的时候，换上春装，和几个要好的朋友，在清凉的沂水中沐浴，然后在沂水边祭天求雨的高坛上吹风乘凉，直到傍晚，唱着歌儿回家。"我的志愿只有这样，老师、同学会不会笑我？

我看了看老师，老师闭着眼睛，似乎在想

什么。过了一会儿，老师才叹了一口气，睁开眼睛说："我认同曾点的志愿。"

这就是我们这一班，每个人的志向都不一样，老师却能依照每个人的不同，用不同的方法教导。我们这一班里，风云人物不少，如果还想多了解我们这一班，可以看看《论语》这本书，就能更加了解我们了。

原典欣赏

"点,尔何如?"鼓瑟希,铿尔,舍瑟而作,对曰:"异乎三子者之撰。"子曰:"何伤乎?亦各言其志也。"曰:"莫春者,春服既成,冠者五六人,童子六七人,浴乎沂,风乎舞雩,咏而归。"夫子喟然叹曰:"吾与点也!"

——《论语·先进第十一》(节录)

ᘉ　ᘉ　ᘉ

孔子说:"点,你的志愿是什么呢?"曾点鼓瑟声音渐缓,直至停止,放下瑟站了起来,回答说:"我与三位师兄弟的打算不同。"孔子答:"有什么关系,只不过各讲各的志愿罢了!"曾点便说:"晚春时,春服已经做好,和几个朋友、孩童一块儿在沂水中沐浴,在舞雩台(祭天求雨的地方)上吹吹风,然后唱着歌,尽兴而归。"孔子听了,感叹地说:"我认同曾点的想法!"

09 / 子路说:
老师让顽石点头

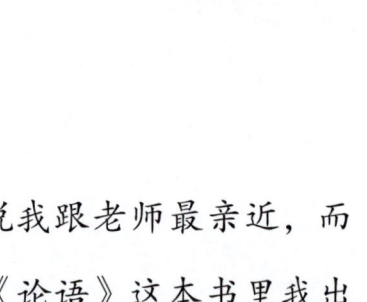

我是子路,大家都说我跟老师最亲近,而且还细心地计算出,在《论语》这本书里我出现的次数最多,所以猜测我受到老师的教导也最多。

我想,什么时代、什么地方都一样,像我这样的"问题学生",总是会受到老师比较多的"照顾",听到的教训自然多一点,所以留在《论语》里的记录,当然比其他同学多啦!

我们一起来看看我第一次跟老师见面的

模样。

那一天，我头上戴着插有七彩公鸡羽毛的帽子，身上佩着山猪的长牙，腰间挂着一把长剑——我以这副打扮来到老师面前。老师一看见我，我立刻拔出长剑挥舞，让老师见识一下我不凡的身手。

"天哪，这位先生，您真是'酷'哇！"

老师不但没有被我吓到，还觉得我很酷。

那时候，我是一个无业游民，我只是

想看一看有名的孔夫子到底长什么样子,为什么大家都尊敬他。看过之后,我觉得他跟我一样,没什么三头六臂,我就离开了。

但不知道为什么,见了一次面,我又想再见他一次。这一次,老师看到我,温和地问:"先生,您的兴趣是什么呢?"

"只要我一剑在手,猛兽不敢张开口。"我粗鲁地回答。

"什么意思?"

"就是我喜欢玩剑,而且玩得威风凛凛,让人胆战心惊。"我得意地说。

"我不是问这个,我是问你对学问有没有兴趣,像玩剑那么有兴趣?"

"没有!学问一点用处也没有。"

老师听到我的回答,不但没生气,还告诉

我学问的用处。

"一个国家的国君,需要正直勇敢的大臣随时提醒他;读书人需要明智的朋友教导他判断是非;狂奔的马儿,需要鞭策才知道方向;弓箭要反复地调整,才能精准;同样地,一个人也要不断用学问来矫正自己。"

老师说得很清楚,我听得很糊涂。总之,我要告诉老师的是,学问是没有用的。

"南山的竹子,根本不需要调整,自己就能长得笔直;拿它来做箭,利得很哪!可见,不是每个人都需要矫正的!"

"是的,你说得没有

错，但是如果我们在笔直的竹箭末端装上羽毛，把它的箭头磨利，经过这样的矫正，不是能射得更远、更深吗？"

"对耶！"老师说得一点也没错呀！原来，好还可以更好，"学习"能矫正过错，也能让没有过错的人更加完美。

我向老师行了一个礼。

"我接受您的教导。"于是我就跟随老师学习了。

我的鲁莽、好强、过于勇敢，都让老师担心、头痛。不过我也从老师的担心和头痛中，感受到老师对我的关爱，那种爱就像来自父亲兄长一样，是随时都在的，不会因为我经常犯错就消失。

有一次，老师感叹地说："道德推展不动时，

就让我乘着小船漂到大海去吧!那时候,愿意跟随我的,大概只有子路吧!"

听到老师这么说,我心里有无限的欢喜,原来老师也知道,不论天涯海角,我都会诚心诚意跟随他。

听见老师说了这句话之后,我每天都快快乐乐的,还把这句话说给同学们听。老师大概也知道我在快乐什么，于是他在上课的时候又补充说明："子路哇，会跟我漂流到大海去，是因为他除了勇气，什么都没有。别人不敢做的事，他总是第一个去做！"

虽然被老师泼了一盆冷水，但是我知道，老师的爱是真实的。它让我慢慢地学会思考什么该做、什么不该做，我会尽量不让老师担心。

原典欣赏

子路曰:"学岂益哉也?"孔子曰:"夫人君而无谏臣则失正,士而无教友则失听。御狂马不释策,操弓不反檠。木受绳则直,人受谏则圣。受学重问,孰不顺哉?毁仁恶士,必近于刑,君子不可不学。"

——《孔子家语·子路初见第十九》(节录)

※ ※ ※

子路问:"学习有什么好处呢?"孔子说:"国君如果没有忠直的大臣,会偏失正道;读书人如果没有朋友劝谏,就听不到善意的批评。驾驭烈马不能丢掉鞭子;已经拉开的弓不能再用檠来矫正。木匠锯木头,用墨绳弹过,才能锯得直;人接受劝谏,才能变得圣明。虚心接受教导,有疑问就请教,怎会不贯通事理呢?毁谤仁德,憎恶读书人,必然会触犯刑法,所以君子不可以不学习呀!"

10 / 宰予说：
顽固可爱的老师

我是白天睡觉，被老师痛骂的宰予。

当老师发现我在睡觉时，气得眉毛像展翅的小鸟一样飞了起来。老师掉头就走，边走还边说："真是一块腐坏的木头哇，能拿来雕刻吗？"

"说要努力用功，结果大白天睡觉不读书！肮脏的泥土筑成的墙，再怎么粉刷、掩饰都没有用！"

"以后宰予说的话，我要观察过才会相信！"

老师生气骂起人来，就跟乌云密布的天空

一样，不落个痛快，雨点是不会停的。

"朽木不可雕也"这句话，从那天开始就紧紧跟着我；大家听到这句话，就会想起宰予，让我好没面子。不过被老师一骂出名，我也不敢抱怨，因为确实是我错了。

说起老师，真是让我对他又敬又怕。

老师长得非常高大，一般人大约七

尺高，老师却足足有九尺六寸。他看起来很严肃，骂起人来更严肃；但是和学生在一起时，却温和又有智慧，像春风吹过来一样，一举一动都充满自信和文雅的风度。

老师是一个努力上进的人，他经常说自己从小就是一个贫穷又低贱的人，所以再怎么卑贱的工作也得做。

在老师的心目中，也有属于他的偶像——周公。没有错，周朝的典章制度是周公制定的，只要是周朝流传下来的礼乐制度，老师一定会仔细研究、好好遵守。

老师对于"吃"是很讲究的，食物的颜色不对、味道不新鲜，老师绝对不会吃；时间不对、蘸酱不合适，甚至肉切得不端正，老师也不吃。

老师吃东西的时候不说话，说话的时候不

吃东西；每餐很少吃到饱，够了就好；为了工作和学习，还常常忘了吃饭。

如果食物的名称取得不端正，老师也不愿意吃。像鲁国有个地方的泉水，喝来清凉可口，却被取名为"盗泉"，就是因为这个名字，老师再怎么渴，也不肯喝一口这泉水。

老师虽然固执，但是生活却简单朴实，不追求名利。他曾说："富贵如果能用正当的方法追求得到，就算做低贱的工作，我也愿意。如果求也求不到，那么就让我做自己喜欢的工作吧！"

就是因为这样，所以老师虽然想出来做官，为国家效力，但是没有特别去追求，一直到了五十多岁，机会才从天上掉下来。

"子我，你又在说什么呢？"瞧，老师听见，又要来教训我了。

我忘了告诉大家，"子我"是我的字。

还有一件事老师也骂过我。

那是我和老师讨论，为父母守丧三年，会不会太久了？三年不学礼法，不学音乐，这么长的时间，不是白白荒废了吗？

"只守丧一年，你心安吗？"老师反问我。

"心安。"我的回答让老师更生气。

这次老师不只是摇摇头，他还甩甩头，生气地说："君子守丧，吃美味的食物不觉得可口，听悦耳的音乐也不觉得快乐。如果不到三年你就开心得起来，那么就照你的意思去做吧！"

"子我，你真是一个没有仁义的人哪！小婴儿至少要三年才能离开父母的怀抱，你为父母守丧三年都做不到吗？"

不知道为什么，我只要一开口，就能让老

师生气。就像大家认为我思路清晰、能言善道，老师却认为我犀利好辩、口不择言。大概就是我常常脱口说出心里的话，才让老师不高兴吧！

老师虽然有点顽固,却不会要求我们都要听他的;只要我们自己好好想一想,看看自己做得对不对,这样就行了。这也是他可爱的地方吧!

原典欣赏

宰予昼寝。子曰:"朽木不可雕也,粪土之墙不可圬也。于予与何诛?"子曰:"始吾于人也,听其言而信其行;今吾于人也,听其言而观其行。于予与改是。"

——《论语·公冶长第五》

೧ ೧ ೧

宰予大白天睡觉。孔子说:"腐朽的木头无法用来雕刻,粪土似的墙壁无法粉刷。对于宰予,我还能责备他什么呢?"孔子又说:"以前我看人,听到他说的话,便相信了他的行为;现在我看人,除了听他说,还要看他怎么做。是因为宰予让我有了这样的改变。"

11 / 冉求说：
政治的路不好走

我是冉求，我跟老师相差了二十九岁，老师一直很照顾我，还帮我做性格分析，认为我适合从事政治工作。

所以，季桓子的儿子季康子请老师挑选一个学生当他的家臣时，老师立刻推荐我，并且希望我好好施展能力，做一个能辅佐大夫的家臣。老师的从政之路走得并不顺利，所以他对学生的期望自然就多了一点。

老师一直到五十一岁时，才得到鲁定公的

聘用,到那九十里外的中都去当县官。

在这片肥沃的平原上,老师惩罚不老实的商人、教育不守礼制的富豪,整理出该有的秩序。中都这个地方的百姓都非常感激老师。

在治理中都期间,老师经常带学生到野外去看农人耕种的情形。当他发现土地因为缺水干裂,农作物根本种不活的时候,立刻请教农人有什么改善的办法。

"如果能引城北那条汶河的水进来，就不愁没水灌溉了。"

"我马上处理。"

老师立刻向鲁定公报告，然后一边打开粮仓救济农民，一边忙着修筑沟渠，让汶河的水顺利进来。

这一年，鲁国发生旱灾，只有中都这个地方有水源能顺利播种。

"呵呵呵，中都让你治理得非常好哇！"鲁定公对老师的成绩非常满意，召见老师，并且立刻调任老师为"司空"——管理国家建筑事务的官员。

没多久，国君又提升老师为大司寇，管理社会治安，掌握判刑治罪的大权。他不只要了解法律，还要教导人民法律知识。

老师上任没多久,接到一个父亲告儿子、儿子告父亲的案子。

"这个好吃懒做又不孝的儿子,我非要告他不可!"父亲生气地说。

"什么!明明就是爹爹整天骂我,不讲理又乱发脾气……"儿子也气愤地说。

老师等他们把生气的话说完,才问他们家里的情况。

原来,那一年收成差,父子俩心情都不好,感情就跟着收成一起变差,在家里你看我、我看你,越看越烦,才会走到这个地步。

我们都以为老师会判那个儿子"不孝"的重罪,但是老师没有。他直接把这对父子关起来,而且还关在同一间牢房里。

老师特地挑选了一间屋檐下有一窝燕子的

牢房。

一天不处理、两天不处理，一个月、两个月、三个月过去了，父子俩起初的愤恨渐渐消失。最后父亲决定不告儿子，儿子也不告父亲了。

原来这都是屋檐下那一窝燕子的功劳。每天，母燕一次又一次含着食物回来喂窝里的小燕……儿子想起父亲曾经也这样地养育自己，不禁掉下泪来；父亲看到那窝燕子，想起一家人曾经共度一段美好且快乐的时光，也原谅了儿子。

这对父子决定不再互相控告，老师便放了他们，让他们回家。季桓子听到这件事，很不高兴。

"大司寇欺骗我。他告诉过我，治理国家要先提倡孝道，现在却不重罚这不孝的儿子来

警示百姓要孝顺,这不是欺骗我吗?"

　　我把这些话告诉老师,老师听了长长地叹一口气说:"唉!一个军队如果打败仗,回来就处罚士兵,这是不对的。"

"子女不懂得孝顺父母，这是我们官员的错，我们没有教育好他们。法律不是只有处罚、判罪，还要让百姓知道怎么做才对，不是什么事都用处罚来解决。"

后来，我当季康子的家臣，增加赋税，人民怨声载道。老师知道后，非常生气，还说出"冉求不是我的学生"这样绝情的话来。

政治这条路，老师为我树立榜样，我却辜负老师的期望，让老师生气。这条路，没有想象中的容易走哇！

原典欣赏

子曰:"道之以政,齐之以刑,民免而无耻;道之以德,齐之以礼,有耻且格。"

——《论语·为政第二》

∽ ∽ ∽

孔子说:"用法制禁令来管束人民,用刑罚来规范人民,这样人民只知道避免触犯刑罚,内心并不知羞耻。如果用道德去感化引导,用礼制去规范人民,人民就会知道自己哪里犯了错,也会有羞耻心,能即刻改正。"

12 / 鲁定公说：
春风满面夹谷会

　　我是鲁国国君，历史上的国君比天上的星星还多，我跟他们比起来，真是微不足道。但是因为夹谷之会，我的知名度增加不少。

　　就来谈谈有名的夹谷之会吧！

　　自从我重用孔夫子之后，国家变得富强安康，贪官污吏个个吓破胆，附近国家的君主个个坐立难安，隔壁强大的齐国更是担心得不得了。

　　于是齐景公向我们提出会面的要求，希望谈谈两个国家互助合作的事，地点就在齐国和鲁国交界的夹谷。

"这场见面会，恐怕不是容易应付的。"我的宰相季桓子不敢面对这种挑战，他极力推荐由孔夫子前往。

孔夫子以大司寇的身份，一口就答应了，而且还提出一个要求：

"讲求礼治的国家也不能抛弃武备,国君外出一定要有兵马作后盾,所以我请求左右司马也要一起去。"

哎呀,我整天都在想让谁跟我去,竟忘了武备这么重要的事。

夹谷见面的日期一天一天接近,左右司马每天都在操练军备。约定的日期到了,齐景公与我就在夹谷这个地方见面了。

我们在临时搭起的土坛前互相行礼问候,彼此礼让登上土坛。就在我们都坐定时,齐国的大夫黎弥一挥手,我就看到一队野人冲了上来。

这群人身上穿着原始的皮毛,手上抓着刀、剑、盾、矛,一边叫喊,一边威吓,看得我冷汗直流。

"会不会有什么料想不到的事啊?"我看

了看孔夫子。

孔夫子皱着眉头,看这群人乱舞。然后他走上土坛,对着那一群野蛮人大声地说:"两国的国君在这里见面,为什么有人在这里作乱?这么失礼的事,一定不是齐国国君安排的吧?"

齐景公的脸都红了,黎弥挥挥手,叫这些人离开。我心里暗暗佩服孔夫子的机智。

接着，又来了一批表演的艺人，他们用低俗的笑闹剧，让我们觉得难堪。这时候，孔夫子走上台阶，大声地说："在国君面前做轻佻的表演，罪应诛！"左右司马听到了，立刻带走表演的人。

原来齐国大夫黎弥打算用这些表演来羞辱我们，让我们没有面子。幸好有孔夫子在，他表现得既稳定又勇敢，反而让齐景公灰头土脸、一脸尴尬。

第二天，就是要谈合作关系的日子，我一坐下来，就看到桌上有一份盟约。上面写着："齐国和鲁国结盟为兄弟之国，以后齐国出兵征讨别的国家时，鲁国必须派三百辆兵车协助，否则就是违背盟约。"

什么？这根本就是保护齐国。我一看，头

痛的老毛病就犯了。这么一来，我们的地位变得比齐国低，这合约能签吗？

我看了看孔夫子，就在这个时候，他开了口："两国结盟为兄弟之国，互相帮助是应该的。鲁国也要求补充一条：既然是兄弟之国，齐国应该把占领的汶阳田地还给鲁国，否则也是违背盟约。"

真是高明啊，好一个大司寇！这样，鲁国被齐国占领的地方就可以要回来了。

我看到齐国的君臣都愣住了，齐景公的额头上更是冒出大颗大颗的汗珠。我的大司寇轻轻松松地等着答案。

鲁国被齐国占领的汶阳的田地，就这样全都归还给鲁国了。在回程的路上，我们笑着谈论这一次的见面。

这一场夹谷之会，大司寇让我玩得轻松愉快，一路上春风满面啊！

对孔夫子的机智，我真是佩服得不得了！他扭转了整个局势，把齐国对我们的羞辱送回他们身上去。

我真是一个有眼光的国君哪！任用了孔夫子这么一个充满智慧的人。

原典欣赏

定公与齐侯会于夹谷,孔子摄相事,曰:"臣闻有文事者必有武备,有武事者必有文备。古者诸侯并出疆,必具官以从,请具左右司马。"定公从之。

——《孔子家语·相鲁第一》(节录)

❀ ❀ ❀

鲁定公与齐景公相约在夹谷举行盟会,由孔子担任鲁国的代理国相。孔子对鲁定公说:"臣听闻,举行和平会盟,必须要有武力作后盾;以武力解决国与国之间的纠纷,也要有文官做准备。古代诸侯离开国境,必须配备文武随从,请君上带上左右司马随行吧!"鲁定公接受了孔子的建议。

13 / 亓官氏说：
银杏树下岁月长

是的，我是亓官氏，孔夫子的妻子。

我的人生有一大半的时间，都在望着门前那排银杏树发呆。我嫁过来的时候，银杏树才跟屋子一样高，现在它们已经像一把把大伞，罩在屋顶上。

只要夫子在家，银杏树下的讲坛就热热闹闹的；我从屋子里望出去，那些孩子专心听夫子讲话的模样，真令人羡慕。

这些孩子就像银杏树一样，有的从少年到

青年,有的从青年到壮年,一年一年成长。

夫子不在家的时候,银杏树下冷清清的。我会望着那排银杏树,想象他就在那儿,笑着跟学生说礼、谈诗。

夫子是一个事业心重的人,外面芝麻绿豆

大的事，都比家里任何事情要紧，他把时间都奉献给了事业。算一算，三十多年以来，我们一起聊天的时间，可真是不多呀！

最初当仓库管理员和牧场管理员时，他早出晚归，一心一意都在公事上，就怕一个疏忽，差事做不好，对不起国家。

接着收了这群学生，他又将所有的心思都放在学生身上。

再后来是到那九十里外的中都去当县官。县官这个工作，官位不高，薪水也不多，他带着一颗热忱的心就去上任了，留下我和孩子守着这个家、这片银杏林。

最后这一次，他竟然离开鲁国，带着学生要到别的国家去，看看有没有国君会任用他。

那是在夹谷之会结束后，夫子的心情原本

好极了，国君让他有施展抱负的机会，也赏识他的才华，让他觉得遇到了知己。

他又因为拆掉了三位大夫的城墙，平定内乱，立下大功，让鲁国一天天地强盛，却也得罪了势力强大的三家大夫。

没过多久，齐国送来一百二十匹骏马和八十个美女，这些美女让鲁定公意乱神迷，连续三天都不开晨会，也不见夫子。

夫子因为这件事十分失望，他知道，齐国送这些美女来，就是要迷乱国君，让鲁国衰败。

更让他忍耐不住的是这年郊祭。依照礼仪，祭祀过的祭肉会分赐给陪祭的官员，过去都是这样，但是这一年，季桓子没有把祭肉送到我们家来。

"也不过就是一块肉，别生气了。"我安

慰夫子。

"你不懂,你不知道这块肉代表的意义。"

"还不都是一样,就是吃进肚子里,有什么意义不意义的。"

"分赐祭肉代表福禄同享。现在祭肉没有送来,就表示不承认我是鲁国的大臣。"

"别想这么多。祭祀后,大家都忙,也许等会儿就送来了。"

虽然我这么安慰夫子,但是等到太阳下山了,也没见到肉……

"我拆掉三家大夫的城墙,得罪了三个最大的贵族,所以祭肉没有我的份,国君不需要我了。"

就这样,夫子带着几件换洗的衣服、几个学生,匆匆离开鲁国。他要去追求他的理想,他要去各国走走看看。

　　这一走，什么时候再回来？再回来的时候，故乡还会是原来的模样吗？外面的生活他过得惯吗？

　　有时候，伯鱼看我站久了，要我到屋子里去休息，我才知道，一天又过去了。

　　伯鱼是个孝顺的孩子，他留在我身

边；他想念爹爹的时候，也跟我一样，就望着银杏树发呆。夫子难道不知道，年老的妻子会在银杏树下，一直等着他，为他牵肠挂肚？

银杏树下，岁月漫长啊！也不过就是一块肉嘛，鲁定公中了齐国的美人计，夫子你何苦也中了计，离开自己的国家，留下妻儿啊？

原典欣赏

齐人归女乐,季桓子受之,三日不朝,孔子行。

——《论语·微子第十八》

ઉ ઉ ઉ

齐国送来一批歌伎,季桓子接受了,结果君臣都沉迷于歌舞女色中,鲁定公三天不上朝治理政事。孔子便离开鲁国出走了。

14 / 颜回说：
听声辨人的专家

我是穷得出名的颜回。人们说起"贫穷"，好像就会想起我，不过还好，说起"快乐"也会想起我，大家都以为我穷得很快乐，其实我只是穷得心安罢了。

许多人都认为我是老师最得意的弟子，其实老师门下杰出的师兄弟很多，我因为穷，没有什么好追求的，就只能追求学问，所以让人印象深刻。

在老师心里，有件事是最重要的，那就是

"仁";有了"仁心",才会爱别人、关心别人。

我跟随老师周游列国时,有一次在卫国的一个早晨,老师听到从远处传来哀伤的哭声,不禁叹了一口气,问旁边的我:"回呀,你听得出来这是为何而哭吗?"

"老师,弟子以为,这哭声不只是为去世的人哀伤,还为分离的人难过。"

老师看着我,对我轻轻地点点头。这个动

作虽然轻微,但是我看得出来,老师的眼神里充满了肯定,但还有惊讶。

"你是怎么知道的?"老师慈祥地问我。

我回答老师:"我在桓山曾经看过一种鸟,母鸟一次孵了四只小鸟,每天不停地带食物回来给小鸟吃,晚上为它们保暖,守护它们。等小鸟羽毛丰满、长大能飞了,母鸟就带它们离开窝巢,在树枝上张开翅膀练习飞行。"

老师听得十分入神,好像那种鸟就在他眼前飞一样。

"当小鸟练习好之后,母鸟会带领它们飞到更高的天空,让它们飞向宽广的远方。母鸟亲自送四只小鸟离开窝巢,忍不住发出悲伤哀凄的叫声,因为它知道,这些小鸟一去不会再回来了。"

老师听到这里，忍不住擦了擦有些湿润的眼角。

我等了一会儿，才继续说明："现在这哭声，跟桓山母鸟看着小鸟离开的叫声非常相似，所以让我想起了分离的哀伤。"

老师听完我的分析，点点头，然后派小师弟去打听，看看是怎么回事。

"是一个贫困的妇人，丈夫刚去世，她没有钱埋葬，只好把儿子卖给有钱的人，人家正要带走她的儿子，所以妇人哭得好伤心。"探听回来的小师弟说。

果然是生离和死别交集在一起的痛苦。老师再次对我点点头。

如果问我是怎么听出来的，我想就是老师说的"仁心"吧，多一点关心，就能体会别人的心声。

其实,老师才是一个听力了不起的专家。端木赐说过一件很久以前发生的事,也让我印象深刻。

有一次老师正要去齐国,在泰山附近,听到有妇人哭得非常悲哀。那哭声让老师忍不住把手放在车子的横杆上,向那哭声致哀。

"这哭声包含着好沉重的悲伤啊!"

老师派子路师兄去了解状况。

"以前我公公被附近的老虎吃了,后来我丈夫也是。现在,儿子也被这里的老虎吃了,我伤心哪!"妇人哭着诉说。

"那么,你为什么不搬走?"老师问她。

"因为这个地方没有压迫人民的严苛政府哇!"妇人说完,更加地伤心了。

老师听了,告诉所有的师兄弟们:"你们一定要记住,压迫人民的政府,比凶猛的老虎还要可怕!"

可见老师也有一对敏锐的耳朵,能听出那哭声里的不同。

老师曾说,同样的钟和鼓,会因为击打的人不一样而发出不同的声音,忧伤的人击出悲伤的声音,开朗的人击出快乐的声音。

要听出其中的不同,除了要有敏锐的耳朵,还要有关怀的心,这自然就是"仁心"了。

老师做过"儒"的工作,为人主持典礼。在丧礼中,老师用心听过各种哭泣的声音,所以有一对不一样的耳朵。

欢迎各位有空到我居住的陋巷来走走,我们一起用心倾听"贫穷"的声音。不过,我没有能力请各位吃饭,真是抱歉。

原典欣赏

孔子在卫,昧旦晨兴,颜回侍侧,闻哭者之声甚哀。子曰:"回,汝知此何所哭乎?"对曰:"回以此哭声,非但为死者而已,又有生离别者也。"

子曰:"何以知之?"对曰:"回闻桓山之鸟,生四子焉,羽翼既成,将分于四海,其母悲鸣而送之,哀声有似于此,谓其往而不返也。回窃以音类知之。"孔子使人问哭者,果曰:"父死家贫,卖子以葬,与子长诀。"子曰:"回也,善于识音矣。"

——《孔子家语·颜回第十八》

(本章取材)

15 / 子路说：
知人知面又知心

我是鲁莽出了名的子路，但是我发现口才一流、眼光精准的师弟子贡——端木赐，也有过鲁莽的记录。

我们跟随老师在各国游历的时候，陈国和蔡国听说楚国想要聘请老师去做官，担心楚国因此强大，就派出士兵阻拦。

我们被围困在陈、蔡两国之间七天，带的食物早就吃完了，但是老师一点也不担忧，还悠闲地弹琴唱歌。

大家饿得快支持不住了,端木赐怕老师饿坏身体,就拿着随身带来的财物,冒险溜去和农人换一些米回来。

"师弟,你真有办法!赶紧下锅煮给老师吃吧!"看到那一袋米,让我原本就饿得不像话的胃,翻滚得更厉害了。

"子贡,做得好!"大家都很感激。

"快,我们快去煮饭。"我抓起米就要拿去洗。

端木赐看了我一眼，不放心地说："师兄，这米太难得了，还是请颜回师兄煮吧！他比较细心，免得米烧焦了。"

于是我和颜回一个洗米、架锅子，一个劈柴、生火。我们真是太饿了，连炭火的味道都觉得是香甜的。

就在我们兴奋地等待时，米饭香飘散出来，真是迷人哪！

"饭就快要煮好了，大家先去洗个手，准备吃饭。"

这个时候，端木赐从水井那边看见颜回把手伸进饭锅，抓了一把饭放进嘴里。

"天哪！我简直不敢相信！"端木赐睁大了眼睛说。

"什么事啊？"

我顺着他的眼光看过去，颜回的嘴还在嚼着饭粒呢！

"大家谁不饿呀，怎么可以自己吃了起来？"

我也没办法理解。颜回真的饿昏了吗？他怎么会做出这种事？端木赐立刻去跟老师告状。

"老师，一个廉洁正直的人，在穷困的时候，会不会做出不该做的事？"

"会做出不该做的事，就不算是廉洁正直的人了。"

"那么，像颜回师兄这样的人，在穷困的时候，会不会做出不该做的事？"端木赐又问老师。

"颜回绝对不会因为穷困，而做出不该做的事。"老师非常相信颜回，因为颜回吃着粗劣的食物，住在最简陋的屋子里，在那种别人没有办法忍受的穷困之中，颜回却生活得非常快乐。

所以老师绝对信任颜回。

"但是，老师，我看到颜回师兄煮好饭后，先挖一口来吃。"

老师也想不出为什么颜回会这么做。

"我相信颜回，这件事，我来问个清楚。"

老师要我去叫颜回过来。他跟颜回说："回呀，前几天，我梦见祖先，我想，他们大概有话想跟我说。你做好饭端上来，我要祭拜祖先。"

老师真高明！如果那锅饭已经有人吃过，就不能拿来祭拜了。

"哎呀，老师，那锅饭已经不能用来祭拜了。"

"为什么？"老师问颜回。

"刚才煮饭的时候，有一些炭灰掉进饭里，

把饭弄脏了一小块。我怕被老师或者师兄弟吃进肚子,丢了又很可惜,所以我就把它放进嘴里吃掉了。"颜回不慌不忙地说。

老师点点头说:"很好,如果是我,我也会放进嘴里吃掉。"

老师要他赶紧开饭，大家饿得什么都想拿来吃了。

我回头看看端木赐，他正用崇敬的眼光看着离开的颜回。

"老师，是我误会师兄了，我不该这么鲁莽。"

"我对颜回的信任，不是今天才开始的。"老师对在场的我们这么说，他的眼里充满了慈爱而得意的光辉。

老师对于学生，不是只有表面的了解，而是了解到他的内心去了呢！他对学生的信任也是这样啊！

不过，我还是很开心，天底下鲁莽的人，不是只有我一个呢！

原典欣赏

（子贡）入问孔子曰："仁人廉士，穷改节乎？"孔子曰："改节即何称于仁廉哉？"

——《孔子家语·在厄第二十》（节录）

ᔕ ᔕ ᔕ

子贡见了孔夫子，行礼后，问孔夫子："一个仁人廉士，在穷困的时候，会改变他的气节吗？"孔子回答："如果在穷困的时候改变了气节，那怎么还能算是仁人廉士呢？"

16 / 端木赐说:
终于可以回国了

当我们陪着老师游历,停留在卫国的时候,从鲁国传来消息,说师母病得很重,希望老师能够回去见她最后一面。

"老师,我们回去吧!"大家都这么劝老师。

老师沉默着,没有任何指示,也没有任何行动。

老师当年离开鲁国,是因为受到国君和季桓子的冷落;现在这两个人已经去世了,但是新的国君和季桓子的儿子季康子并没有提出邀请，所以老师想回但还是不愿回去。

没多久，消息再次传来，贤惠的师母已经离开人世。我们离开鲁国，在各国游历了十三年，不见师母的面也已经十三年，我们每个人

的眼里都是泪。

虽然老师什么也没说，但是我知道，那是悲伤、内疚、心痛混合在一起的感觉。这些感觉闷在心里，一次又一次冲撞身体，最后，老师病了。

老师的伟大就在这里，他总是能处理好情绪，不会让自己生气太久，也不会让自己悲痛太久。一切都要讲究礼法，该难过多久、该如何难过、该难过多深，这些都是有礼法可以遵守的。

老师是一个守礼的人，所以他控制住情绪，很快就康复了。

隔年，又有消息传了过来。在外漂泊十四年的我们，终于有机会、有理由，可以名正言顺地回鲁国了。

冉求为季康子立下不小的战功,在季康子面前讲话,自然就有分量多了。

在接受百姓夹道欢迎的路上,季康子对冉求说:"孔夫子一向以学问闻名,没想到他的学生竟然也有领军作战的才能,你真是不容易呀!"

"这些打仗作战的本领,都是跟老师学的。"冉求回答。

"是吗?孔夫子也懂军事?"季康子其实是相信的,因为他的父亲季桓子,后来非常后悔处处与老师为敌,没有重用老师。

"孔夫子现在在什么地方?"季康子问。

"老师在各国游历,目前在卫国。"冉求把老师这些年在外的情况,大略地告诉了季康子。

"何不请他回国,让我好好地向他请教请教?"

"只要大夫肯邀请老师回来，相信老师一定愿意。"

消息就这么传到卫国来，季康子派了十辆马车，带着三千银钱到卫国迎接老师。老师非常开心，我们终于可以回国了。

我们一路坐着马车，穿越山谷、涉过小溪，欣赏沿途的美景和绽放的花朵。我们都看得出来，老师的心情轻松愉快，像个孩子一样；休息的时候，还拿出琴来，边弹边唱歌给我们听呢！

我们踏着轻快的脚步进入鲁国，一切仿佛做梦一样。这是我们梦过多少次的情景啊，现在终于真实地出现了。

回到自己的故乡，每个人都很开心。老师先到师母灵前祭拜，再拜见国君和季康子，但是他们依旧没有任用老师。

"不能做官,就整理古籍吧!"老师先动手整理他最喜欢的《诗》,接下来的《礼》《易》《乐》《书》《春秋》,老师都把它们整理得更好,让我们更容易阅读学习。

回国之后,整理文化典籍成为老师生活的

重心，同时也持续地和学生一问一答地上课。许多师兄弟受到老师的推荐，出来做官，把老师教导的学问发挥到实处，老师心里也很快乐。

我呢？我只想继续做个商人，在各个国家之间来来去去，这样我就很快乐了。但是老师希望我去做官，我听老师的话，就去做了个小小的官。

只要老师开心，什么事我都愿意做。

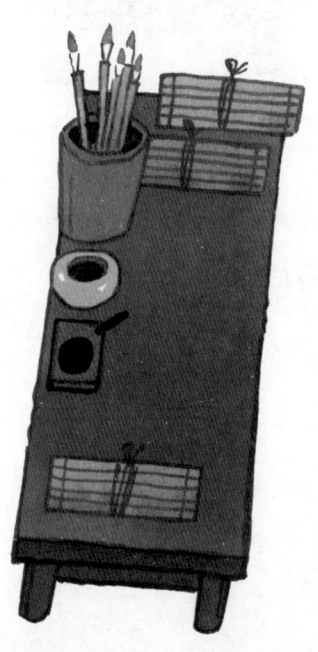

原典欣赏

林放问礼之本。子曰:"大哉问!礼,与其奢也,宁俭;丧,与其易也,宁戚。"

——《论语·八佾第三》

林放请教孔子,礼的根本是什么?孔子说:"这是个非常有意义的问题!礼节,与其奢侈浪费,还不如节俭的好。办理丧事,与其仪文周到,不如内心充满哀戚。"

17 / 公西华说：
因材施教的老师

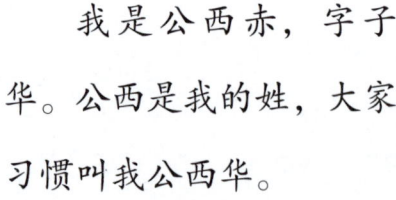

我是公西赤，字子华。公西是我的姓，大家习惯叫我公西华。

有一天，我坐在老师身边看书，子路师兄走了进来，问老师："老师，听到该做的事，不要迟疑，立刻去做，这样对不对？"

老师说:"家里还有父母长辈在,怎么能说做就做呢?要先问问长辈的意见才行。"

师兄听完,向老师行礼走出去,我知道他记住教导了。

子路师兄是一个优秀的学生,当他听到有道理的事,就会急着想去做。他担心在还没做之前,又听到其他的道理,而让他来不及实行。

子路师兄是一个"行动派",我很欣赏他的豪迈率性。他还会把车、马、衣服和大家一起分享，用坏了、穿破了也没有关系。

我也把老师告诉子路师兄的话，在心里想了一想：家里有长辈在，做什么事之前，都要先跟他们商量，长辈同意了再去做。

我继续坐在老师身边读书，正读得入神，个性谦和、处处照顾人的冉求师兄走了进来，他也有问题要问老师。

"老师，我有个问题想请教您，可以吗？"冉求师兄走到老师身边轻轻地问。

"当然。"老师放下手中的竹简，温和地等待师兄提出问题。

"老师，听到该做的事，是不是不要迟疑，要立刻去做？"

这不是子路师兄刚刚问过的问题吗？

我已经知道老师的答案，所以在心里回想老师刚刚讲过的话。可是，老师给冉求师兄的答案，竟然不一样。

"对，该做的事，不要迟疑，立刻去做。"老师肯定地说。

老师的回答立刻把我弄糊涂了，同一个问题怎么会有两种答案呢？

老师忘了他刚刚的话吗？但是，老师的记性不会这么差呀！

怎么会这样？我想了又想，难道是我听错了？

虽然说为人要少问多听、少说多做，但是这个疑问，就像不停飘落的雪花一样，在我心里越堆越高，几乎就要满了出来，我书也看不下去了。

"子华，你心里是不是有什么困惑呢？"

老师问我。

"老师,子路师兄和冉求师兄问您的问题,是不是同一个问题呀?"

"是啊!"老师微笑着回答。

"既然一样,为什么您给的答案却不一样?"

老师笑得眼睛都眯成了一条缝,但是在那一道小缝里,隐藏着智慧的光彩。

老师还没回答问题,就先归纳出我的三项优点:"子华,你真是个好学生,不仅把老师的话记在心里,还能作出比较,而且,有了疑问立刻提出来,非常好。"

原来,有疑问立刻提出来,也是一项优点。

三个优点一口气说完后,老师才分析给我听:"子路的个性主动积极、好勇急躁,经常没有考虑清楚就去做,所以我希望他能多听长辈的意见。"

"是。"

"求儿啊,正好跟他相反,凡事想太多、犹豫不决,事情就延误了。我希望他能积极一点,想做就做,不要顾虑太多。"

"哎呀,原来如此!"我立刻明白,心里

对老师更是佩服得不得了。

当我再度低下头去看书时，总觉得老师似乎有一双透视眼，他一定也看透了我，再根据我的个性，采用适合我的方法教导我。

这是多么难做到的事啊！先要了解每个学生的特质，再像医生开药一样，什么病用什么药来医，而不是一种药治百种病。

我只能说，老师，真是"神医"。

　　子路问:"闻斯行诸?"子曰:"有父兄在,如之何其闻斯行之?"冉有问:"闻斯行诸?"子曰:"闻斯行之。"公西华曰:"由也问闻斯行诸,子曰'有父兄在';求也问闻斯行诸,子曰'闻斯行之'。赤也惑,敢问。"子曰:"求也退,故进之;由也兼人,故退之。"

——《论语·先进第十一》(本章取材)

18 / 曾参说：
孝顺原来是这样

我是喜欢反省的曾参，每天都要反省三件事，希望大家也能跟我一样。这三件事就是：为人做事有没有尽心尽力？与朋友交往有没有诚实守信？老师教我的课业，有没有用心复习？

我跟父亲都拜在老师门下学习，从小到大，我只希望能做好一件事，那就是孝顺父母，让父母快乐。

可是我从来不知道，我也有不孝的时候。

有一天，我跟父亲在田里锄草，一不小心，

父亲刚种下的瓜苗就被我锄断了。

"哎呀!"

"什么事?"父亲一脸怒气地看着我。

"我把瓜苗弄断了。"虽然我很害怕,但还是要诚实。

父亲一句话也没说,举起木棍,用力往我的背上打来。

我被打得昏了过去，倒在地上，很久才醒过来。醒来后，我愧疚地去跟父亲道歉。

"孩儿让爹爹生气，实在不应该，又让爹爹花了这么大的力气教训我，更是不孝，希望爹爹宽恕孩儿。不知道爹爹有没有伤到身体？"

我看父亲的怒气消了一点，才稍稍放心。回到家，我立刻到房里拿出琴，边弹边唱歌，希望借由歌声让父亲知道我的身体没事，请他安心。

我以为我这么做就是孝顺。没想到，老师知道这件事之后，非常生气，还要我好好反省，想想自己什么地方做错了。

我把整件事情仔细地想了一遍，还是不知道自己到底哪里做错了，只好请教老师。

"唉，曾参哪，你真傻，犯了这么严重的错，还不知道。"

老师给我讲了一个故事，好让我知道自己错在哪里。老师说，古时候，舜的父亲瞽叟非常溺爱舜的弟弟，对舜很不好，但是舜还是很孝顺。

每当瞽叟需要帮忙的时候，舜一定立刻出现在父亲面前。父亲发起脾气要打人的时候，舜会先看一看父亲拿的是什么棍子。

如果瞽叟拿的是小棍子，舜就等着让父亲处罚；如果瞽叟拿起大棍子，舜就立刻逃走。

"曾参哪，这才是孝顺，懂吗？"

听完老师讲的故事，我还是不明白，为什么瞽叟拿大棍子，舜立刻逃走，就是孝顺？

"请老师教导我，为什么这样才孝顺？"

"唉，真是个傻孩子。你想想看，大木棍

一棒打下来,半条命就没了,多打几下会彻底没命的。舜赶紧逃走,免得让父亲犯下严重的过失,这才是孝顺哪!"

老师这么一说,我就知道了,父亲拿起大木棍要打我的时候,我没有逃走是错的。幸好小命还在,否则就是不孝了。

以后,父亲要打我的时候,我要先看一看父亲拿的是什么棍子,千万不能不顾自己的生命,害父亲犯下严重的错误。

啊!我真是

太不孝了，我要好好地反省反省。

"曾参哪，你每次都等着挨打，这是不对的。"

孝顺，还需要避开灾祸，不让父母犯错。我将老师的教导记住了。

老师大概是看我这么努力学习，所以把他的孙子孔伋交给我教导，孔伋成了我的学生。

我一定要好好地教导他，不辜负老师的期望。

老师教我的道理，也就是"忠"和"恕"，我都严格遵守，不敢稍有违背。对于父母，我要孝顺，让他们得到快乐；自己的身体要好好爱惜，因为这是父母给我们的。

每天反省，每天进步，这样我就可以白天安心，夜里睡得好。

原典欣赏

曾子曰:"吾日三省吾身:为人谋而不忠乎?与朋友交而不信乎?传不习乎?"

——《论语·学而第一》

                ღ   ღ   ღ

曾子说:"我每天自我反省三件事:第一,为人办事,是不是尽心尽力了?第二,与朋友来往,是否言而有信?第三,老师传授的道理,有没有好好实践,并经常复习呢?"

19 / 子夏说：
力气用尽的巨人

我是子夏，姓卜名商，是老师后期的学生。

老师从各国游历回来之后，专心地整理书籍，跟随老师多年的我们，受到老师的推荐，离开师门到各地去做官。老师也没闲着，有时候会到各地去看看我们的成绩。

像在武城的子游，老师去看他的时候，听见钟声悠扬、琴声和谐，又听说违规犯法的人非常少，觉得好开心。

"这就是礼治的力量啊！"老师赞美子游。

只要我们推行礼治，用"礼"来治理国家，老师就觉得欣慰了。

当然也有不愿意做官的，像闵子骞只愿意留在老师身边，颜回也一样。

"回呀，你家里贫穷，就去当个官吧，也好有固定的收入。"老师曾经这么劝告颜回。

"老师，我有一小块农地，收成够我们一家人喝些稀

饭。平常我可以弹琴娱乐自己，还能从老师这里得到学问，这样的生活我就满足了，我不想做官。"

颜回的想法感动了老师："颜回真是一个知足常乐的人哪！"

家境贫寒、身体又不好的颜回活得不久，让老师非常伤心："老天哪，你真是要了我的命啊！"

这是我第一次看到老师哭得这么心痛，就连伯鱼师兄去世的时候，我们都没看到老师这么难过。

"老师，您要保重身体，不要太伤心了。"大家安慰老师。

"我不为颜回伤心，要为什么人伤心呢？"老师固执地说。

颜回去世后不久,老师又失去了另一个徒弟——他钟爱的子路在卫国遇害。

就在忧伤的煎熬中,老师的身体一天天地衰弱了。

"老了,我真的衰老了,我已经好久都没有梦到周公了。"

有一段时间,老师经常这么自言自语着。周公是他最尊敬的圣人,老师一直觉得周公就在他的周围,跟他在一起。

梦见周公,让老师觉得自己拥有同行的伙伴。

当老师身体越来越虚弱的时候,有一天,子贡师兄来看老师。他一进门,就听到老师凄凉的歌声。

"高大的泰山就要倒下了吗?粗大的梁柱就要折断了吗?一个懂得礼法的人,就要像草木一样枯萎了吗?"

子贡师兄听出歌声中的绝望,连忙加快脚步,跑到老师身旁。

"子贡啊,你怎么这么慢才来?"

"老师有什么话要跟我说吗?"子贡师兄恭敬地问。

他站在老师身边,握着老师的手。

老师的声音是那么地微细、无助:"夏代的棺木是停放在厅堂的东边,代表主人的位置;周代的棺木放在厅堂西边,那是把去世的人当作宾客。商代的棺木停放在东西两根柱子的中间,代表宾主之间的位置。"老师虚弱地讲完这些话,已经花了好大的力气。

休息了一下,老师接着说:"我梦见我坐在东西两根柱子的中央,表示我是殷商的后代。

我的确是殷人的后代。这样的梦,代表我的日子不多了,希望你们,就用殷人的规矩为我办理后事吧!"

老师像是力气耗尽的巨人,沉重的眼皮垂盖下来。我和师兄合力把老师扶到床上,七天之后,老师就离开了人世。这一年,老师七十二岁。

我们把老师和师母葬在一

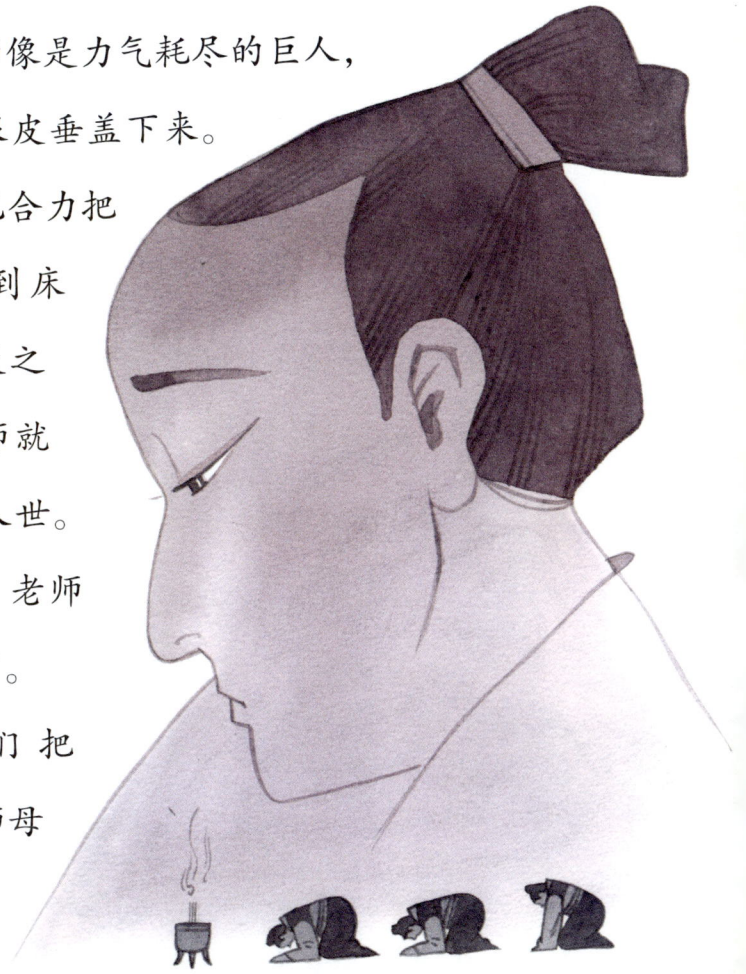

起，伯鱼的坟也在附近。我们在老师的墓旁搭起简陋的棚子，老师待我们犹如自己的子女，我们也要为老师守丧三年。

当三年的时光过去，我们陆续离开。子贡师兄还不想走："我的知识学问都是老师教导的，我不忍心留下老师。你们先离开吧，我想再陪伴老师三年。"

就这样，我们跟老师叩别，许多同学都继承了老师的事业，传授学问给下一代。

至于我，跟老师一样，我在魏国的西河一带教书，希望能把他的理想散播得更广。

原典欣赏

孔子蚤晨作,负手曳杖,逍遥于门,而歌曰:"泰山其颓乎!梁木其坏乎!哲人其萎乎!"歌既而入,当户而坐。子贡闻之,曰:"泰山其颓,则吾将安仰?梁木其坏,吾将安杖?哲人其萎,吾将安放?夫子殆将病也。"遂趋而入。

夫子叹而言曰:"赐,汝来何迟?予畴昔梦坐奠于两楹之间。夏后氏殡于东阶之上则犹在阼,殷人殡于两楹之间即与宾主夹之,周人殡于西阶之上则犹宾之。而丘也,殷人也。夫明王不兴,则天下其孰能宗余?余殆将死。"遂寝病,七日而终,时年七十二矣。

——《孔子家语·终记解第四十》

（本章取材）

本书孔子门生简介

✤ 孔伯鱼

孔鲤,字伯鱼,孔子与亓官氏的儿子,"述圣"孔伋之父。孔鲤受教、学诗、学礼之事,被后人传为佳话。孔子教子之辞也被尊为"祖训",并逐渐形成了孔氏家族"诗礼传家"的说法。

✤ 曾点

字子皙,又称"曾晳",曾参的父亲,是孔子早期的弟子之一,并被列为孔门弟子七十二贤人之一。父子同向孔子学习儒家学说,并付诸实践,但未与孔子周游列国。曾点死后,以孝著称的曾参为父亲举行了简单的丧礼,被历代奉为厚养薄葬的典范。

✢ 子路

仲由,字子路,或称"季路",孔门十哲中政事出众者,也是《二十四孝》中为双亲负米的主角。子路事亲极孝、刚猛勇敢、性格爽朗,乐意接受别人的指正而立即改过,很尊敬师长,也常常直言进谏孔子。子路后来在卫国的"蒯聩之乱"中殉难。

✢ 宰予

字子我,又名"宰我",孔门十哲中言语出众者。宰予因反对服丧三年而受孔子批评。另外,他因"昼寝"而被孔子批评为"朽木不可雕也",成了著名的成语来由。

✢ 冉求

字子有,又称"冉有"。青年时曾当过鲁国季氏的家臣,后随孔子周游列国。孔子晚年归隐鲁国,冉求出了不少力。冉求多才多艺、性格谦逊、擅长政事,是孔门十哲中在政事方面表现出众者。

✤ **颜回**

字子渊,又称"颜渊",被尊为"复圣",孔庙大成殿"四配"(孔庙以四位最杰出的孔门弟子颜渊、曾参、孔伋、孟轲配享)之首,是孔门十哲中,在德行方面表现最出众,也是孔子最得意的学生。颜回与孔子谈论志向时,曾说:"愿无伐善,无施劳。"(我希望做到不炫耀自己的长处,也不宣扬自己的功劳。)安贫乐道,其"一箪食,一瓢饮"的精神,传为后世佳话。

✤ **端木赐**

字子贡。孔子曾称其为"瑚琏之器"(比喻人特别有才能,可以担当大任),在孔门十哲中以言语闻名。子贡善于雄辩,曾任鲁、卫两国之相。他也善于经商,为孔子弟子中的首富。其遗留下来的诚信经商的风气被称为"端木遗风",甚至有人将他奉为财神。

✤ **公西华**

公西赤,字子华,也称"公西华",有优秀的外交才能。孟武伯向孔子问起公西华，孔子答："赤也，束带立于朝，可使与宾客言也，不知其仁也。"（公西赤衣着隆重地站在朝廷上，派他接待宾客，能恰如其分，至于行仁的程度就不清楚了。）公西赤擅长祭祀之礼，曾经为孔子出使齐国。

✤ 曾参

字子舆，世称"曾子"。曾提出"吾日三省吾身"的修身方法，相传著有《大学》，后来又著《孝经》等儒家经典，后世儒家尊他为"宗圣"。成语"曾参杀人"，本指谣传，久听而信，后比喻流言可畏，或受谗言诬陷。

✤ 子夏

卜商，字子夏。孔门十哲之一，精通文学，是非常有成就的教育家。子夏对《诗经》有深入的研究，能通其义理。门人甚众，许多学生后来成为很有影响力的思想家和政治家。《论语》一书疑出于他和门人之手，许多儒学经典都被认为是由他流传下来的。